うちメシ

ゆかいな我が家の漫画とレシピ

キムケン

はじめに

広い日本の
東京のどこかに
ごく普通の夫婦がいました
フルタイムで共働きです
この嫁さんの方がなかなかできた人で
働けば旦那より稼ぎ
売上拡大
掃除をすればチリひとつ残さず
うおぉぉー!!
家計の管理もパーフェクト
完璧ザマス
いつの間にそんな貯金がッ!!

しかし唯一やらないのが料理です
NO!!
「食事＝栄養素」としてしか捉えていないため作るのが面倒とのこと
でも 人様の作ったごはんは好きなのでいっぱい食べます
だから私が残業して帰りが遅くなったら…
ハラ ヘッタ… ウゴケナイ… メシ… クワセロ…
ダメだこいつ…
俺がなんとかしないと…！
そんな日常とレシピの本です
食えッ!! そして 生きろ!!

もくじ

Chapter 3
この一品で大満足！
米・麺のがっつりメシ

Chapter 4

お酒が止まらぬ

やみつきおつまみ

本書の使い方

- 材料の表記は1カップ＝200mℓ（200cc）、大さじ1＝15mℓ（15cc）、小さじ1＝5mℓ（5cc）です。
- 電子レンジは500Wを使用しています。
- レシピには目安となる分量や調理時間を表記していますが、様子をみながら加減してください。
- 飾りで使用した材料には明記していないものがあります。お好みで追加してください。
- 野菜類は、特に指定のない場合は、洗う、皮をむくなどの下準備を済ませてからの手順を記載しています。
- 火加減は、特に指定のない場合は、中火で調理しています。

Chapter

1

ごはんに合う！
肉・魚のおかず

「肉の旨みを引き出すもの」

肉汁のしみた豆腐には夢と浪漫があります。

ごはんが、お箸が、止まらない！

味しみ肉豆腐

所要時間
5分

材料（2人分）

豆腐…1/2丁
長ねぎ…1/4本
牛切り落とし肉…200g
しらたき…お好み

Ⓐ
- 水、しょうゆ、みりん…各1/4カップ
- 酒、砂糖…各大さじ2

作り方

① 豆腐を好みの大きさに角切りにする。ねぎは3/4を斜め切りにする。牛肉としらたきは適当な大きさに切る。
② 深めのフライパンに❶、Ⓐを入れる。牛肉は一枚ずつ重ならないように入れる。
③ 弱火で3分程煮込み、牛肉に火を通す。残りのねぎをみじん切りにし、ちらす。

ひとこと ▶ **肉を一気に入れると塊になるので注意！**

「ローストビーフは外食で？」

好きな時に、好きなだけ

炊飯器の山盛り ローストビーフ

所要時間 40分

冷蔵時間のぞく

● 材料（2人分）

牛もも肉（塊）…500g
塩、こしょう…各適量
サラダ油…適量

Ⓐ
- 酒、しょうゆ、みりん …各大さじ2
- 玉ねぎ（すりおろし） …1/2個分
- にんにく（すりおろし） …2片分

● 作り方

① 牛肉に塩、こしょうを揉み込む。フライパンに油を熱し、牛肉の表面に少し焦げ目がつく程度焼く。

② 沸騰した湯5カップ（分量外）を炊飯器に入れる。❶を密閉袋に入れ、炊飯器に入れて30分保温する。

③ Ⓐを温めたフライパンに入れ、混ぜ合わせてソースを作る。

④ 炊飯器から牛肉を取り出し、密閉した状態のまま氷水で冷ます。冷めたら冷蔵庫に入れ、しっかり冷えてから薄切りにする。

ひとこと ▶ **冷蔵庫でしっかり冷やすと、薄切りしやすくなります。**

#「たまには使ってよね」

炊飯器のツンデレ具合に、ついつい使ってしまいます。

味のしみ込んだ驚きの柔らかさ

炊飯器のほろほろ煮豚

所要時間
50分

● 材料（2人分）

豚バラ肉（塊）…600g
長ねぎ…1本
しょうが（スライス）
…1/3かけ分
水…1カップ
酒…1/2カップ
しょうゆ…大さじ4
砂糖、みりん
…各大さじ2

● 作り方

① 豚肉を3センチ角に切る。ねぎは白い部分を切り落として青い部分を残しておく。

② 全ての材料を炊飯器に入れ、炊飯ボタンを押して炊く。

ひとこと ▶ **1〜2時間そのまま保温で放置すると、味がよくしみ込みます。**

「凄まじい栄養が、彼らにはある」

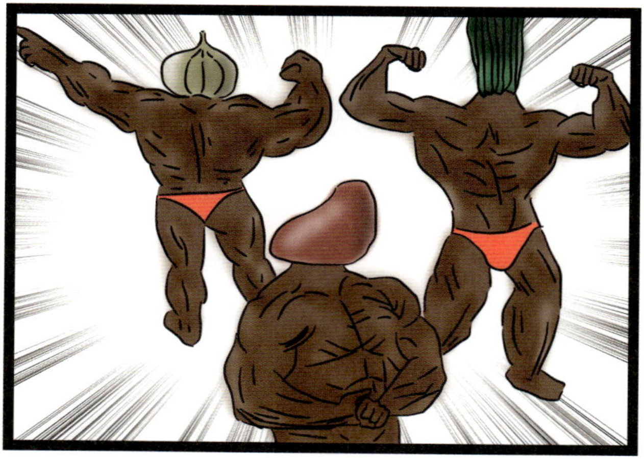

レバー、にら、にんにくには、ビタミンや鉄分など、高い栄養価があるのだ。

さあ、
レバー、にら、
にんにくを食べて、
君も憧れのボディに!

食欲そそる風味と食感

レバにらの にんにくじょうゆ炒め

所要時間
5分

● 材料（2人分）

鶏レバー…100g
片栗粉…適量
にら…6本
もやし…1/2袋
ごま油…適量

Ⓐ
- しょうゆ…小さじ2
- 酒…小さじ1
- 砂糖、豆板醤…各小さじ1/2
- にんにく（すりおろし）…1片分

● 作り方

① レバーを半分に切り、片栗粉をまぶす。にらは一口大に切る。
② フライパンにごま油を熱し、レバーを炒める。レバーに火が通ったら、もやし、にらを入れる。
③ Ⓐを入れ、強火で一気に60秒程炒める。

ひとこと ▶ **片栗粉をまぶすことでプリッとした食感になります。**

「懐かしくなるあの味」

20年前
腹へったー あの鶏肉のやつ 作って
はいはい
現在 帰省時
ぷは～
つまみに 鶏肉のやつ 食いてえなあ
そう言うと思って
作っといたよ
やっぱ うめーなー
作り方 聞いてみるか
ガツガツ
ヒョイ
ちょっ…
今ドラクエ やってるから
ちょっと 後にして

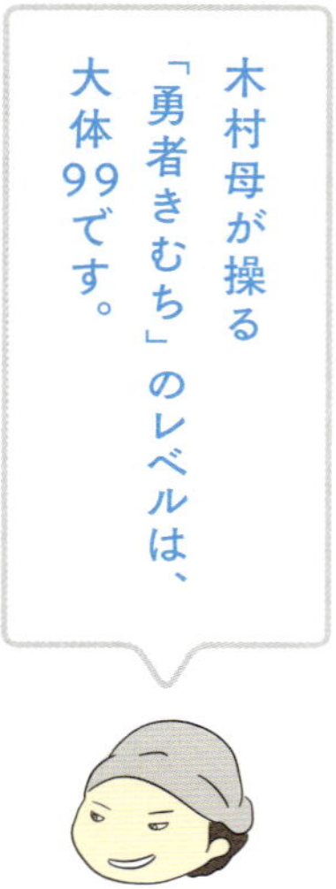
木村母が操る
「勇者きむち」のレベルは、
大体99です。

木村家のおふくろの味

鶏手羽のマーマレード煮

所要時間
25分

● **材料（2人分）**

鶏手羽元…300g
鶏手羽先…300g

Ⓐ
- マーマレードジャム …150g（1パック）
- 酒、しょうゆ …各3/4カップ
- にんにく（スライス） … 3片分

● **作り方**

① Ⓐを全て鍋に入れ、マーマレードが溶けるまで弱火にかける。

② 鶏手羽を入れ強火にし、煮立ってきたらふたをして弱火で20分煮込む。

ひとこと ▶ **一晩置くと味がしみ、さらに美味しく！**

「浮気の告白」

だって、えび買うと高いんだもん。

辛さがクセになる

鶏チリきのこ

所要時間
10分

材料（2人分）

鶏胸肉…1枚
しめじ…1/2袋
長ねぎ…1/4本
玉ねぎ…1/4個
ごま油…大さじ1

Ⓐ
- 塩、黒こしょう…各適量
- 片栗粉…大さじ1

Ⓑ
- ケチャップ…大さじ2
- 酒、砂糖、しょうゆ…各大さじ1/2
- 豆板醤、めんつゆ…各小さじ1/2

作り方

① 鶏肉をそぎ切りにし、Ⓐをまぶす。フライパンにごま油を熱し、鶏肉を入れて両面に火が通るまで炒める。

② ほぐしたしめじ、みじん切りにしたねぎと玉ねぎを加える。

③ Ⓑを全て合わせて、全体に回しかけ、とろみが出るまで火を通す。

ひとこと ▶ 鶏胸肉はローカロリーで高タンパクなので、筋肉も喜びます。

「キムチ倶楽部」

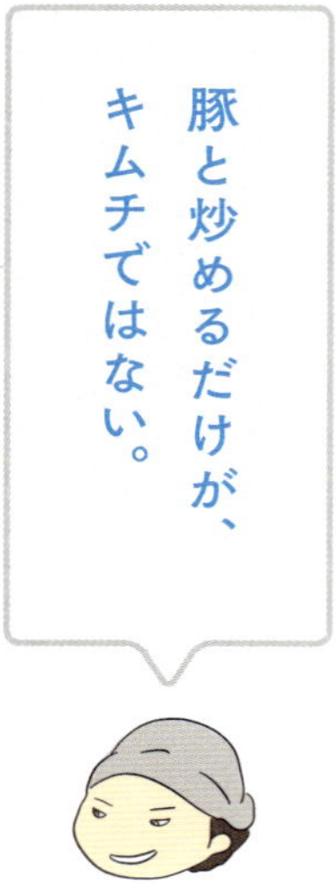

おかずにも、つまみにもぴったり

鶏キムチ

所要時間
10分

● 材料（2人分）

鶏もも肉…200g
キムチ…50g
小ねぎ…適量
ごま油…少々

Ⓐ
- 砂糖…大さじ1
- 中華だし…小さじ1
- ごま油…小さじ1/2

● 作り方

① 鶏肉を2㎝幅に切る。フライパンにごま油を熱し、鶏肉に火が通るまで炒める。

② 一口大に切ったキムチとⒶを入れて、30秒程強火で炒める。

③ 皿に盛り、小口切りにしたねぎをのせる。

ひとこと ▶ **キムチを切る時は、まな板にラップを張るとよごれません。**

じゃがいも
ミートボール

● 材料（2人分）

じゃがいも…2個
豚ひき肉…200g
塩、こしょう…各適量
サラダ油…適量
Ⓐ ケチャップ、ソース…各大さじ2
Ⓐ 砂糖…大さじ1/2

● 作り方

① フードプロセッサーでゆでたじゃがいもを砕き、豚肉、塩、こしょうを加えて混ぜる。
② ボール状に丸め、電子レンジで5分程加熱する。
③ フライパンに油を熱し、❷をⒶと絡めながら炒める。

ポイント ▶ **フードプロセッサーがなければすりおろし器でも代用可！**

そぼろ大根

● 材料（2人分）

大根…1/2本
豚ひき肉…200g
ごま油…小さじ1
Ⓐ 酒…大さじ2
Ⓐ しょうゆ、ソース、みりん…各大さじ1

● 作り方

① 大根は1センチ角に切る。フライパンにごま油を熱し、大根を炒める。
② 大根が柔らかくなってきたら、豚肉、Ⓐを入れて肉に火が通るまで炒める。

ポイント ▶ **ソースを味噌に置き換えても最高にクール。**

さばトマト

● 材料（２人分）

さば缶…１個
トマト缶…１缶
にんにく（スライス）
…２片分
砂糖、しょうゆ
…各大さじ１＋1/2

● 作り方
① 材料を全て鍋に入れ、強火にかける。
② 煮立ってきたら弱火にし、汁けが飛ぶまで煮詰める。

ポイント ▶ **チーズと一緒にトーストにのせてもGOOD！**

さばフレーク

● 材料（２人分）

さば缶…１缶
こんにゃく…1/2枚
しょうが（刻んだもの）
…1/2かけ分
しょうゆ…大さじ１＋1/2
酒、みりん…各大さじ１
砂糖…大さじ1/2
ごはん…２杯分
小ねぎ…適量

● 作り方
① こんにゃくを１センチ角に切る。
② フライパンにごはん以外の材料を入れ、汁けが飛ぶまで煮詰める。
③ 好みの量をごはんにのせ、小口切りにしたねぎをちらす。

ひとこと ▶ **こんにゃくを入れることで、ヘルシーにボリュームアップ！**

「嫁のテンションについて」

休み前日の嫁さんは、大体こんな感じです。

大葉とチーズがアクセント

豚こまのプチとんかつ

所要時間
20分

● 材料（2人分）

豚こま切れ肉…300g
小麦粉、水
　…各大さじ3
大葉…5枚
スライスチーズ…2枚
パン粉…100g
サラダ油…適量

● 作り方

① 豚肉に水で溶いた小麦粉を揉み込む。大葉は4等分、チーズは9等分にする。

② 大葉とチーズを豚肉で挟み、パン粉をまぶす。ひとつあたり、肉2～3枚で作る。

③ 鍋に油を薄くひいて170℃（箸を入れたら細かい泡が出る程度）まで熱し、❷を入れる。両面がきつね色になるまでひっくり返しながら揚げる。

ひとこと ▶ 肉は平たくしておくと、火が通りやすくなります。

「諦めが肝心…じゃない！」

今日は何作ろうかな～ しょうが焼きにしようかな
たしか生姜が あった気がする…… アレ？
しょうががない！
ガーン
まあしょうが《生姜》ないなら
しょうがないよね
HA HA HA
本当に それで いいの？
大天使 木村
それじゃ ただの 肉炒めだよ
ハッ!!
俺は間違ってた！
しょうが《生姜》ないのは…… しょうがなくない！

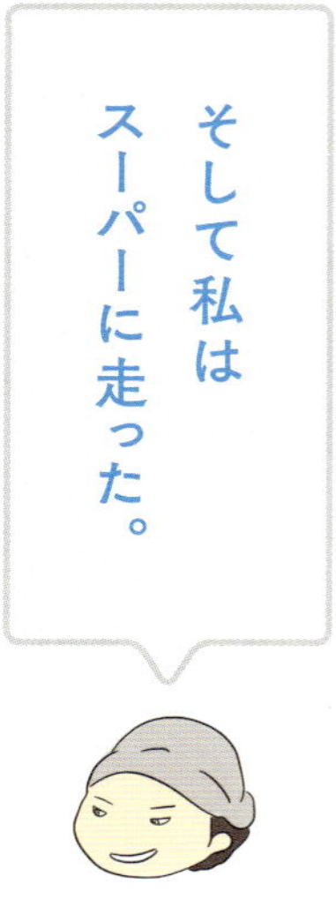
そして私はスーパーに走った。

やっぱり欠かせない、しょうがの風味香る

ねぎだく豚のしょうが焼き

所要時間
15分

● 材料（2人分）

豚バラ肉…200g
玉ねぎ…1個
サラダ油…適量

Ⓐ
しょうゆ
…大さじ1＋1/2
酒、みりん
…各大さじ1
砂糖…大さじ1/2
しょうが（すりおろし）
…1/3かけ分
にんにく（すりおろし）
…1片分

● 作り方

① 一口大に切った豚肉にⒶを揉み込み、10分程置く。

② 玉ねぎをくし切りにする。フライパンに油を熱し、玉ねぎを入れる。酒（分量外）をふって、しんなりするまで炒める。

③ 豚肉を入れ、火が通るまで炒める。

ひとこと ▶ **しっかり下味をつけることで、冷めても美味しくいただけます。**

「真の親友とは」

この後カラッと揚げさせていただきました。

甘酸っぱい味がクセになる

鮭の南蛮漬け

所要時間
1時間

● 材料（2人分）

鮭（切り身）… 2尾
片栗粉… 適量
玉ねぎ…1/2個
にんじん…1/2本
サラダ油… 適量

Ⓐ
- 酢、水…各1/2カップ
- 砂糖…大さじ2
- しょうゆ …大さじ1＋1/2
- 酒、みりん …各大さじ1
- 鷹の爪（輪切り）… 2本

● 作り方

① 鮭を1cm幅に切り、片栗粉をまぶす。
② フライパンに薄切りにした玉ねぎ、細切りにしたにんじん、Ⓐを入れて一煮立ちさせ、皿にあげて冷ましておく。
③ 洗ったフライパンに油を厚さ1cm程にひいて230℃まで熱し、鮭の両面を揚げ焼きにする。表面にほんのり焦げ目がついたら、油をきって休ませる。
④ ❷、❸を合わせて器に入れ、冷蔵庫で40分程おく。

ひとこと ▶ **2～3日冷蔵保存できるので、作り置きにも！**

「親父からの贈り物」

父の底力を見ました。

大変そうに見えて、簡単なおしゃれ料理

鯛のアクアパッツァ

所要時間
20分

● 材料（2人分）

鯛…1尾
ミニトマト…8個
あさり…100g
パセリ…適量
オリーブオイル…適量

Ⓐ
- 白ワイン…1カップ
- アンチョビ（フィレ・粗みじん切り）…2枚
- 鷹の爪（輪切り）…2本
- にんにく（すりおろし）…2片分
- オリーブオイル…大さじ1

● 作り方

① 鯛のうろこを取り、えらと内蔵を取り出す。両面の皮に包丁の先で切り目を入れる。
② 鍋にオリーブオイルを熱し、鯛の両面にさっと火を通す。
③ ミニトマト、あさり、Ⓐを入れて強火で煮立たせる。
④ 沸騰したら中火にして10分間加熱する。最後に刻んだパセリをちらす。

ひとこと ▶ **鮭や他の白身魚でも美味しくできます！**

「今日のごはんは…」

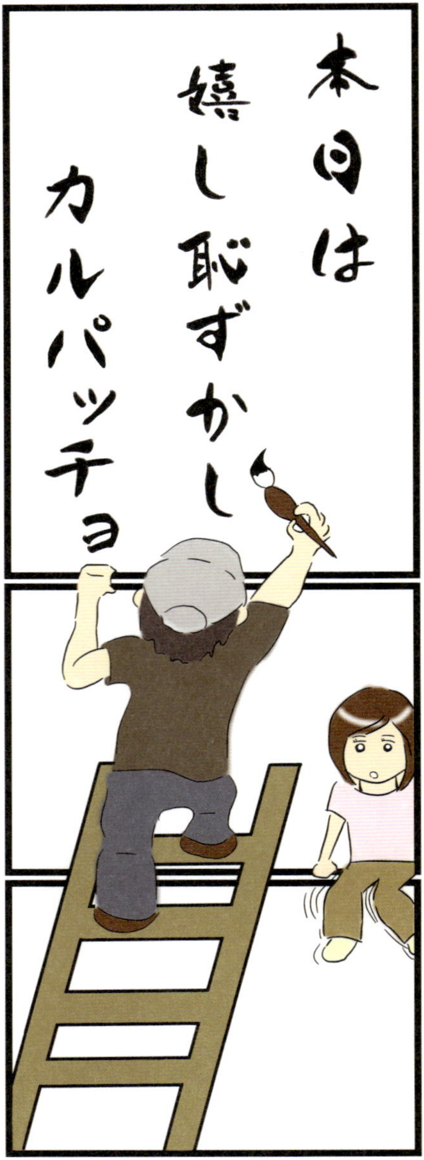
本日は
嬉し恥ずかし
カルパッチョ

カルパッチョという響きは、
なんだか嬉しく、
そして恥ずかしい。

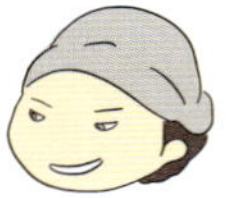

大葉とかつおのシンプルな味

かつおのカルパッチョ

所要時間
3分

● 材料（2人分）

かつお（刺身）…10切れ
大葉…1枚
Ⓐ ごま油、酢
　…各小さじ1
　塩…少々

● 作り方

① Ⓐを合わせる。
② かつおの刺身にⒶをかけ、刻んだ大葉をのせる。

ひとこと ▶ 刺身でなく、かつおのたたきでもOKです！

断じてから揚げではない！

俺のザンギ

所要時間
10分

（漬け込み時間のぞく）

グッドモーニン。
突然だが君は「ザンギ」を知っているか？
ザンギとは、北国に住む屈強な人々が食べるスペシャルな料理なんだ。今日は特別にその作り方を教えよう。

● 材料（２人分）

鶏もも肉…500g
サラダ油…適量

Ⓐ
- 酒、しょうゆ…各大さじ３
- 砂糖、はちみつ…各大さじ１
- にんにく（すりおろし）…３片分
- しょうが（すりおろし）…1/2かけ分

Ⓑ
- 片栗粉…大さじ４
- 小麦粉…大さじ２
- 卵…１個

● 作り方

① まずは鶏肉を一口大に切るんだ。小さすぎても大きすぎてもいけない。何事もほどほどが大事だ。

② 次にⒶを全て鶏肉に揉み込んで30分待とう。その間に何をするか？　もちろん筋トレさ。スクワット、腕立て伏せ、最後に腹筋。これを100回×10セットやろう。

③ 筋トレが終わる頃には、味がしみ込んでいるはずだ。次はⒷをまぶして油で揚げてみよう。温度は180℃が望ましい。鍋に油を入れて火にかけ、箸を入れた時に細かい気泡が出れば準備完了だ。

④ ２分揚げたら、取り出して３分休ませる。鶏肉だって休みたい時はある。シティの男にも休息は必要だろう？

⑤ 休ませたらもう一度油に入れて30秒揚げよう。そして素早く油から取り出し、しっかり油をきって完成だ。

なに、ただのから揚げじゃないかって？
おっとそれ以上ふざけたことは言わない方がいい。私のバックについている北国の民に何をされるかわからないぞ。

ひとこと ▶ 私の故郷・北海道ではから揚げを「ザンギ」と呼びます。たこのから揚げは「たこザンギ」。今でも居酒屋で「ザンギください」と言ってしまいます。

【ちょっと雑談】

木村少年　はじめての料理

私は昔から「好きなものを好きなだけ食べたい」と願う、食いしん坊だった。そんな私が少年時代に初めて作った料理は「ベーコンウインナーマヨネーズチーズチャーハン」という、高カロリー界のエースたちを寄せ集めたようなものだった。好きなものを好きなだけ集めた結果である。

　それから、両親がいない時は冷蔵庫の中をあさり、好きな食材を集めて自己流で料理することを覚えた。しかし悲しいかな、私が好きな食材は総じて高カロリーで、成長著しい木村少年はまたたく間に肥満児になってしまったのだ。両親から「マヨネーズ禁止

令」が発令され、マヨネーズを食べられないという絶望の中、私は「痩せて、再びマヨネーズを食べる」と心に決めた。

　木村少年は野球やバスケットをはじめた。伸びてゆく身長に反比例して体重は減り、小学校卒業時には見事標準体型となっていた。

　理想の体型を手に入れ、再びマヨネーズを食べることが許されてから15年。今、私は定期検診の結果を握りしめている。そこには一言だけ、こう書いてある。

「太りすぎ」

　それでも私は今日も、マヨネーズを握りしめるのであった。

Chapter

2

食べ応えアリ！
野菜のおかず

「ダイエット反対！」

女性にも
同じことを思います。

とろーりチーズがたまらん

米なすの味噌田楽

所要時間
10分

● 材料（2人分）

米なす…2個
スライスチーズ…1枚
バジル（刻んだもの）
…適量
サラダ油…適量
Ⓐ 味噌…大さじ3
Ⓐ 酒、砂糖、みりん
…各大さじ1

● 作り方

① 米なすを縦半分に切る。火が通りやすいように断面と外側にも切り目を入れる。
② フライパンに油を熱し、なすの両面に焦げ目が軽くつくまで焼く。
③ 合わせたⒶをなすにのせ、水（分量外）を入れてふたをし、1分程蒸し焼きにする。
④ チーズをのせてグリルで3分焼き、バジルをちらす。

ひとこと ▶ 切り目は十字に、縦と横を交差させると◎！

「厚揚げの豆知識」

そもそも最近、薄揚げとか言いませんしね。

ピリ辛風味が旨い！

厚揚げ味噌炒め

所要時間
5分

● 材料（2人分）

厚揚げ…1枚
にんじん…1/2本
もやし…1袋
一味唐辛子…お好み
サラダ油…適量

Ⓐ
酒…大さじ1＋1/2
味噌…大さじ1
砂糖…大さじ1/2
しょうゆ、豆板醤…各小さじ1/2

● 作り方

① 厚揚げを2㎝角に切り、にんじんは細切りにする。
② フライパンに油を熱し、❶を炒める。
③ 厚揚げの表面に焦げ目がついてきたら、もやしを入れ強火で30秒炒める。
④ Ⓐを入れ、水けが飛ぶまで炒め、一味唐辛子をかける。

ひとこと ▶ **もやしは炒めすぎずに、シャキシャキした食感が残る程度で！**

「嫁の夢」

炊飯器に頼りすぎ系男子です。

スイッチを押すだけのお手軽料理

炊飯器で作るキッシュ

所要時間
60分

● 材料（2人分）

Ⓐ
- 卵…4個
- ヨーグルト…100g
- クリームチーズ…40g
- 塩、こしょう…少々

Ⓑ
- ベーコン…100g
- ほうれん草…4束
- パプリカ…1/4個
- 玉ねぎ…1個

サラダ油…適量

● 作り方

① ボウルにⒶを全て混ぜる。

② Ⓑを全てみじん切りにし、フライパンに油を熱して炒める。全体に火が通ったらⒶの入ったボウルに入れ、混ぜ合わせる。

③ 炊飯器の釜の内側に油を塗り、❷を入れて炊く。

④ 炊きあがったら釜をひっくり返し、皿に取り出す。

ひとこと ▶ **ひっくり返す時は勢いよくドーンと！**

「木村、ゆるキャラを考案する」

木村家の定番料理、たらもサラダ。たらもへの愛が深すぎるゆえに、ゆるキャラまで考えてしまった木村であった。

たらもくんキャラクター化の
お問い合わせは
木村食堂
「たらもくん大好き係」まで。

クリーミーでやさしい味

たらもサラダ

所要時間
20分

● **材料（2人分）**

じゃがいも…5個
クリームチーズ…20g
たらこ…3本

Ⓐ
- マヨネーズ…大さじ2
- 塩…適量
- 黒こしょう…適量
- 牛乳…50cc
- バジル（粉末）…適量
- 粉チーズ…お好みで

● **作り方**

① 鍋に水をはってじゃがいもを入れ、そのまま強火にかける。沸騰したら中火にして15分程加熱する。

② ❶を取り出し、温かいうちにヘラでつぶす。ボウルに入れ、クリームチーズと混ぜる。冷めてきたらたらこ、Ⓐを入れて混ぜる。

ひとこと ▶ **ゆで上がったじゃがいもは、とても熱いので取扱注意。**

「歩く百科事典・嫁」

図鑑大好きっ子だった嫁さんは、謎の知識が多い。

ふわふわとろとろのやみつき食感

山芋のお好み焼き

所要時間
10分

● 材料（2人分）

山芋…100g
卵…2個
顆粒だし…小さじ1
サラダ油…適量
Ⓐ ソース…適量
マヨネーズ…適量
かつお節…適量
青のり…適量

● 作り方

① すりおろした山芋に、溶いた卵と顆粒だしを入れてよく混ぜる。
② フライパンに油を熱し、❶を流し込み円形にして両面を焼く。
③ 全体に火が通ったら、Ⓐをかける。

ひとこと ▶ 大和芋でも長芋でも、どちらでもOKです！

「恐るべし食物繊維」

さすがに電車では我慢しました。

常備しておきたい懐かしい味

きんぴらこんにゃく

所要時間
10分

● 材料（2人分）

鶏もも肉…150g
こんにゃく…1枚
ごぼう…1本
ごま油…小さじ1/2

Ⓐ
- 酒、しょうゆ …各大さじ2
- みりん…大さじ1
- 砂糖…大さじ1/2

● 作り方

① 鶏肉を一口大に切る。こんにゃくは下ゆでして一口大に切り、ごぼうは好みの大きさに切る。
② フライパンにごま油を熱し、❶を炒める。
③ 全体に火が通ったらⒶを入れ、汁けがなくなるまで加熱する。

ひとこと ▶ 作り置きすれば弁当にもぴったりです！

「突然始まるライブ」

嫁さんは時々謎のうたを歌います。

和風だから、ごはんに合う！

和風ピクルス

所要時間
10分
冷蔵時間のぞく

●材料（2人分）

きゅうり…１本
大根…1/3本
パプリカ…１個
にんじん…1/2本

Ⓐ
- 酢…3/4カップ
- 白だし…1/4カップ
- 砂糖…大さじ2
- 顆粒だし…5g
- 鷹の爪（輪切り）…２本分

●作り方

① きゅうり、大根、パプリカ、にんじんを一口大に切り、５分程水にさらす。

② ❶を密閉袋に入れ、Ⓐを入れて軽く揉み、３時間程冷蔵庫に置く。

ひとこと ▶ 密閉容器に入れて保存すれば、１週間程もちます。

ほうれん草ときのこのバター炒め

● 材料（2人分）

ほうれん草…1束
しめじ…1/4株
えのき…1/2株
バター…10g
塩…適量

● 作り方

① ほうれん草を一口大に切る。しめじ、えのきは石づきを取り、ほぐす。
② フライパンにバターを熱し、❶を炒める。塩をふって味を調える。

ポイント ▶ バターを焦がさないように、一気に炒めましょう！

レタスとツナのごま油炒め

● 材料（2人分）

レタス…4枚
ツナ缶…1缶
塩…適量
ごま油…小さじ1/2

● 作り方

① レタスを手でちぎり、一口大にする。
② フライパンにごま油を熱し、❶、ツナを炒める。塩で味を調える。

ポイント ▶ レタスは炒めすぎず、歯ごたえを残して！

ししとうのしょうゆ漬け

● **材料（２人分）**

ししとう…１パック
ごま油…小さじ1/2
Ⓐ
酒、しょうゆ
　…各大さじ１
砂糖、めんつゆ
　…各小さじ１

● **作り方**

① フライパンにごま油を熱し、ししとうを炒める。
② Ⓐを入れて一煮立ちさせたら火を止め、一晩寝かせる。

ポイント ▶ **ししとうは焦げ目がつくぐらい焼いた方が美味しくなります。**

パリパリ漬け

● **材料（２人分）**

ゴーヤ…１本
きゅうり…３本
塩…適量
Ⓐ
砂糖、しょうゆ
　…各大さじ５
酢、みりん…各大さじ２
しょうが（細切り）
　…1/3かけ分

● **作り方**

① ゴーヤは縦半分に切って綿を取り、きゅうりと一緒に５㎜幅に切る。塩で揉み30分置いて、洗い流し水けをきる。
② Ⓐをフライパンに入れ火にかける。沸騰したら火を止め❶を入れる。冷めたら、ゴーヤときゅうりを取り出す。
③ 再度火にかけ、沸騰したら火を止めてゴーヤときゅうりを戻し入れる。常温に戻ったら冷蔵庫に入れ、一晩置く。

木村新聞

発行所
木村食堂（株）
東京都木村区
木村6-10-21

にんじん初公判

「味も食感も嫌い」

執行猶予付き判決

子どもたちに対する不食罪で逮捕されたにんじん被告の初公判が行われた。被告は独特の甘みと固めの食感で子どもたちに敬遠されており、かねてよりその不食罪が問題視されていた。原告側の証人の少女（5）は、「あの味も、かたい食感も、ぜんぶきらいです」と証言した。

それに対し被告は「いつか君にもわかってもらいたい。私のカロテンパワーを」と涙する場面もあった。この不食罪により、にんじん被告は、細切り（しりしりタイプ）の炒め物になるという執行猶予付きの判決を受けた。

なお、細切りにされても独特の甘みは残るため、引き続き不食罪に当たらないか捜査が続けられる模様。

私のお弁当おかず 殿堂入り

ツナにんじん

所要時間
5分

●材料（2人分）

にんじん…1/2本
ピーマン…2個
ツナ缶…1缶
塩、こしょう…各適量
ごま油…適量

●作り方

① フライパンにごま油を熱し、細切りにしたにんじん、ピーマンを強火で炒める。しんなりしたらツナを加えて炒める。

② 塩、こしょうで味を調える。

ひとこと ▶ にんじんの細切りは、スライサーを使うと便利です。

「なめたけとの戦い」

歯に挟まらない
日はない。

ごはんにのせたい、大人の味

ピリ辛なめたけ

所要時間
10分

● 材料（2人分）

えのき…200g（1袋）
なめこ…100g（1袋）
ごま油…小さじ2

Ⓐ
- しょうゆ、みりん …各大さじ3
- 酒、砂糖…各大さじ2
- 鷹の爪（輪切り） …2本分

● 作り方

① 石づきを取って3等分に切ったえのき、水洗いしたなめこ、Ⓐを温めたフライパンに入れ、火にかける。
② 沸騰したら弱火にし、箸でかき混ぜながら6分程煮詰める。
③ とろみが出て汁けがなくなったら、ごま油を入れてひと煮立ちさせる。

ひとこと ▶ 辛いのが好きな人は、鷹の爪の量を増やしてみても！

「主役がいなくたってできる！」

俺たちの戦いはこれからだ！

パスタじゃないけど、味は本格的！

えりんぎペペロンチーノ

所要時間
5分

● 材料（2人分）

えりんぎ… 1 パック
ちくわ… 2 本
にんにく（刻んだもの）
　… 1 片分
鷹の爪（輪切り）… 1 本分
塩…適量
こしょう…適量
オリーブオイル
　…大さじ1/2

● 作り方

① えりんぎを細切り、ちくわは5㎜程の斜め切りにする。
② フライパンにオリーブオイルを熱し、にんにく、鷹の爪を入れて炒める。にんにくの香りが立ったら、えりんぎ、ちくわを加える。
③ えりんぎに火が通ったら塩、こしょうで味を調える。

ひとこと ▶ **にんにくが効いているので、弁当に入れる時は要注意。**

「木村の仕事、乗っ取られる」

時々出てくる、
私の中の女子力。

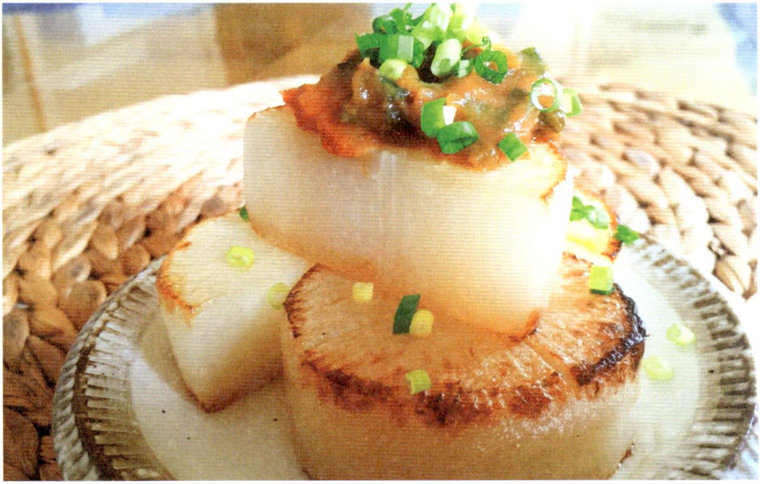

柔らか大根に味噌が合う

ねぎ味噌大根ステーキ

所要時間
15分

● 材料（2人分）

大根…1/4本
小ねぎ…適量
ごま油…小さじ1
Ⓐ
- 味噌…50g
- 出汁…50g
- 酒…大さじ2
- 砂糖、みりん…各大さじ1

● 作り方

① 大根は3㎝厚さに切り、十字に切り目を入れる。湯（分量外）を沸かした鍋に入れ、10分程ゆでる。
② フライパンにⒶを全て入れ、汁けが飛ぶまで弱火にかける。
③ ❶の大根を取り出し、別のフライパンにごま油を熱して炒める。
④ 大根に❷、小口切りにしたねぎをのせる。

ひとこと ▶ **ねぎ味噌はごはんにかけてもイケます！**

「嫌われ者たち」

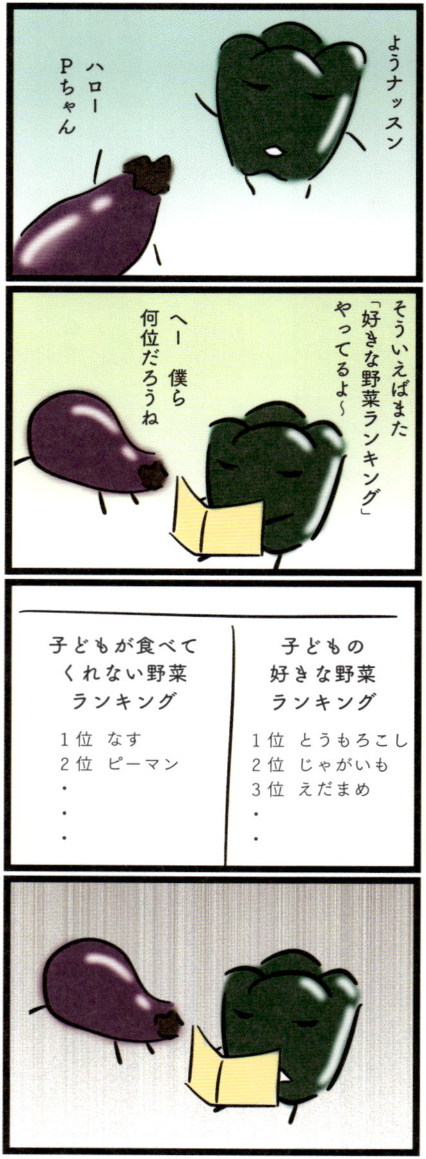
ようナッスン
ハロー Pちゃん
そういえばまた「好きな野菜ランキング」やってるよ～
へー 僕ら何位だろうね
子どもの好きな野菜ランキング
1位 とうもろこし
2位 じゃがいも
3位 えだまめ
・
・
子どもが食べてくれない野菜ランキング
1位 なす
2位 ピーマン
・
・
・

大人になってわかる、彼らの渋さ。

これなら子どもも好きになる!?

なすピー煮浸し

所要時間
5分

● 材料（2人分）

なす…3本
ピーマン…3個
ごま油…大さじ1
Ⓐ
めんつゆ、水
…各1/4カップ
鷹の爪（輪切り）
…お好みで

● 作り方

① なすは好みの大きさに切る。ピーマンは縦四等分に切った後、半分に切る。
② フライパンにごま油を熱し、なすとピーマンを炒める。
③ なすがしんなりしてきたらⒶを入れ、水けがなくなるまで煮詰める。

ひとこと ▶ 冷蔵庫で冷ますと、味がよくしみ込みます。

THE 男の料理

納豆キャベたまサラダ

所要時間
5分

ハローエブリワン。
突然だが君に質問がある。
「サラダはレディの食べ物」そう考えてはいないか？
だとしたら君には失望だ。それじゃタフでハードなシティを生き抜くことはできない。
よく聞いてくれ。サラダは、シティの男に欠かせない食べ物なんだ。

● 材料（2人分）

卵…2個
キャベツ…1/4玉
納豆…2パック
のり（刻んだもの）…少々

Ⓐ
- めんつゆ、ごま油…各小さじ1
- 塩…適量

● 作り方

① 早速レシピに入ろう。まずは卵を冷蔵庫から取り出してくれ。やさしく、女性をいたわるような手つきでな。

② その卵を割り小さな器に入れて、卵がかぶるくらいの水を入れよう。なに、次の手順を教えろ？　HAHAHA！　君はせっかちだな。

③ ではその卵を電子レンジで50秒チンしよう。君の言いたいことはわかる。「レンジで生卵をチンするなんて馬鹿げている」だろ？　大丈夫だ。レンジを見てみろ。3.2.1……半熟卵ができたぞ。

④ 後はせん切りにしたキャベツに納豆と半熟卵とのりをのせて、Ⓐを混ぜ合わせたドレッシングをかければ完成だ。

これがシティの男の筋肉を喜ばせる料理だ。わかったか？
よーし、いい目になってきたぞ。
次に会う時は正真正銘、シティの男同士として語り合おう。

ひとこと ▶ **生卵を電子レンジで加熱しすぎると爆発するので、最初は少なめの時間で少しずつ調整すると◎。黄身に爪楊枝で穴をあけると安心です。**

【ちょっと雑談】木村青年アルバイト談

学生時代に小料理屋で働いていた時、私は「花の二番」とよばれる、火を巧みに操る男共が集まる焼き場を担当していた。「花の二番」の中で最も重要な仕事が「だし巻き卵の作り置き」である。基本的には料理長が作ることになっていたが、料理長が休みの時は誰かが作らないといけないため、我々二番のメンバーも作り方を教わることになった。

当時十八歳だった木村青年は、だし巻き卵など作ったこともなく、先輩たちに「まず一年は修行のつもりで」と言われながら、とりあえず作ってみた。すると、なんと一回で成功してしまったのだ。周りも驚いていたが、何より自分が一番驚いていた。とても美しいだし巻き卵を見て「このだし巻き卵を……俺が作ったのか……？」と、少年漫画のようなセリフが飛び出しそうだった。

それから私はだし巻き卵担当に任命され、そのスキルは次第に洗練されてゆき、一年経つ頃には「花の二番に木村あり」とまで言われるようになった。

料理長は言った。「人は何か一つ才能があるというが、木村の才能はだし巻き卵を作ることだったんだな」と。

私は思った。どうせなら、もっとかっこいいやつがよかったなと。

Chapter

3

この一品で大満足！
米・麺のがっつりメシ

「みんなの誤解」

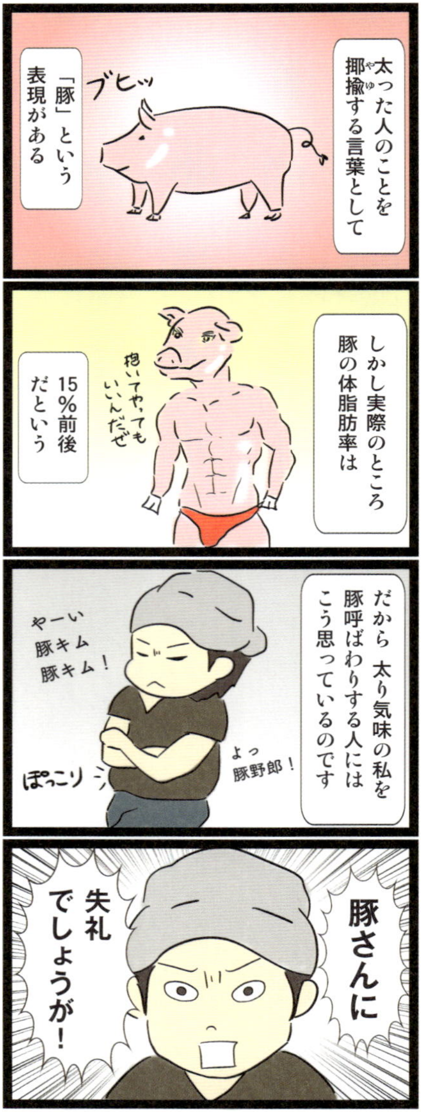
太った人のことを
揶《や》揄《ゆ》する言葉として
ブヒッ
「豚」という
表現がある
しかし実際のところ
豚の体脂肪率は
抱いてやってもいいんだぜ
15%前後
だという
だから 太り気味の私を
豚呼ばわりする人には
こう思っているのです
よっ 豚野郎！
やーい 豚キム 豚キム！
ぽっこり
豚さんに
失礼でしょうが！

豚リスペクト。

がっつきたい日の

満腹豚丼

所要時間
15分

● 材料（2人分）

玉ねぎ…1/2個
豚こま切れ肉…200g
ごはん…2杯分
卵…2個
小ねぎ…適量

Ⓐ
- 酒…1/4カップ
- 砂糖、しょうゆ…各大さじ2
- 中華だし…大さじ1/2

● 作り方

① くし切りにした玉ねぎを鍋に入れて、その上に豚肉を広げながらのせる。

② Ⓐを入れて強火にかけ、沸騰したらふたをして弱火で10分煮込む。

③ ごはんに❷をのせ、卵、小口切りにしたねぎを盛りつける。

ひとこと ▶ 煮込みすぎると豚肉が固くなるので、弱火でゆっくりと。

「木村の発見」

焼きおにぎりの茶漬けとは言ったものの
出汁
出汁はお茶じゃないよね
でもそんなこと言ったら麦茶だってただの麦だし
お茶じゃなくてもお茶を名乗るのはいいんじゃないか
ということは…出汁のことをお茶と呼んでもいいのか！
茶
だし
俺は世界の真理をつかんだ！
出汁は茶なり！茶は出汁なり！
出汁は出汁だよ

お茶って奥が深いですね。

ちょっとの手間で身体にしみる味に

焼きおにぎり茶漬け

所要時間
10分

● **材料（2人分）**

ごはん…1杯分
小ねぎ、のり（刻んだもの）、
　ごま…お好みで

Ⓐ
- しょうゆ…小さじ2
- ごま油…小さじ1
- かつお節…1パック

Ⓑ
- 水…1＋1/2カップ
- 顆粒だし…小さじ1
- 塩…少々

● **作り方**

① ごはんにⒶを全て入れ、混ぜる。
② フライパンにⒷを入れ、沸騰するまで加熱する。
③ ❶が冷めてきたら三角に成形する。
④ トースターで❸を7分程焼く。2〜3分ごとにひっくり返し、焦げ目が足りなければ1分ずつ様子を見ながらさらに加熱する。
⑤ 器に入れた❹に❷をかけ、好みで刻んだねぎ、のり、ごまをのせる。

ひとこと ▶ **フライパンにクッキングシートを敷いて焼いても◎。**

「弾き語り」

新曲ができたんだ
聞いてくれ
「この身体照り焼いてくれ」
俺は気づいたんだ
やさしさだけじゃ生きられない
強く 強く そう もっと強く
君の笑顔が見たいから
全てを包み込みたいけれど
それはやさしさなんかじゃないと
知ってしまったロンリーナイト
ああこの身体照り焼いてくれ
俺はいつだって呼ぶんだ
「モットモット ツヨク モット」
ああこの身体照り焼いてくれ
俺はいつだって思い続けるんだ
「ズット キミヲ マモリタイ」
この照り焼きを君にも――
ふわとろ卵豆腐丼
NOW ON SALE

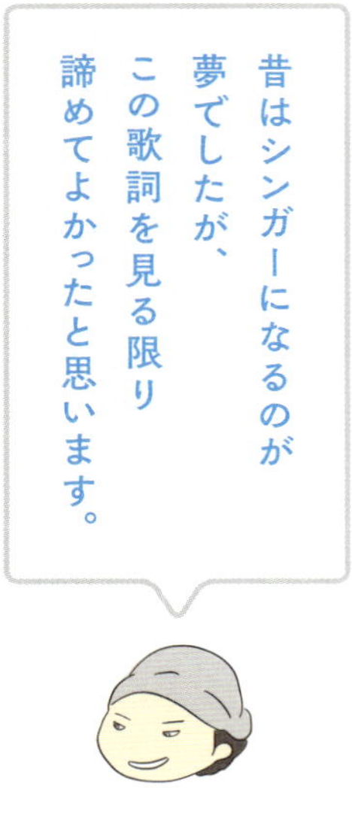
昔はシンガーになるのが夢でしたが、この歌詞を見る限り諦めてよかったと思います。

とろける食感がたまらない

ふわとろ卵豆腐丼

所要時間
5分

● 材料（2人分）

絹ごし豆腐…1/2丁
卵…2個
ごはん…2杯分
小ねぎ…適量
Ⓐ 酒、しょうゆ、
　みりん…各大さじ1
　砂糖…小さじ1

● 作り方

① 豆腐を角切りにし、温めたフライパンに入れ、Ⓐと炒める。
② 豆腐に焼き目がついてきたら卵を溶いて入れる。
③ ふたをして1分30秒程加熱する。ごはんにのせ、小口切りにしたねぎを盛る。

ひとこと ▶ 卵を半熟にするため、火にかけすぎないよう注意！

「期間限定ダジャレ」

白菜とかけて消費税と解きます
その心は！
どちらも
はっぱーなのです
どやあ
その顔やめろ

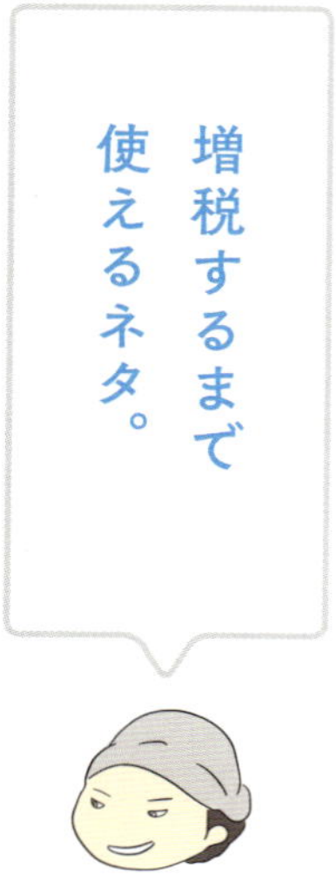
増税するまで使えるネタ。

ヘルシーで食べ応え十分

白菜たっぷり中華丼風

所要時間
5分

●材料（2人分）

白菜…1/8個
にんじん…1/2本
ウインナー…3本
しめじ…1/4株
きくらげ…4枚
ごはん…2杯分
片栗粉、水…各大さじ1
しょうゆ…適量
サラダ油…適量
Ⓐ 水…1カップ
　 中華スープの素…小さじ2

●作り方

① 白菜を削ぎ切り、にんじんをいちょう切り、ウインナーを一口大に切る。しめじは石づきを切り落とし、小房に分ける。きくらげは水につけて戻して半分に切る。

② フライパンに油を熱し、❶を入れて炒める。火が通ってきたらⒶを入れて一煮立ちさせる。

③ 煮立ったら火を止め、全体を混ぜながら水溶き片栗粉を回し入れる。もう一煮立ちさせたら、しょうゆで味を調え、ごはんにのせる。

ひとこと▶ **白菜が高い時期はキャベツやレタスでも！**

「牛乳の行方」

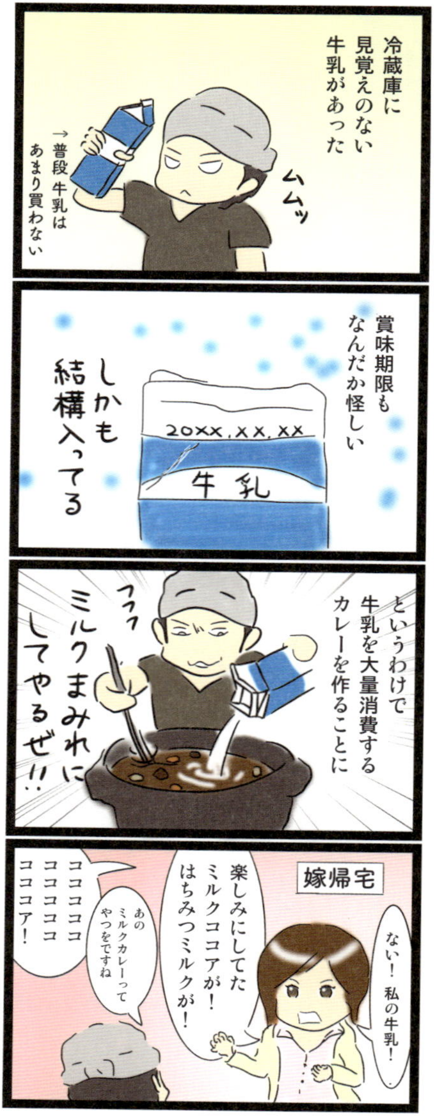

冷蔵庫にあるものは
全て自分の管理下に
あると思っています。

郵便はがき

お手数ですが
切手を
お貼りください

150-8482

東京都渋谷区恵比寿4-4-9
えびす大黑ビル
ワニブックス 書籍編集部

お買い求めいただいた本のタイトル

本書をお買い上げいただきまして、誠にありがとうございます。
本アンケートにお答えいただけたら幸いです。
ご返信いただいた方の中から、
抽選で毎月5名様に図書カード(1000円分)をプレゼントします。

ご住所 〒 TEL(- -)	
(ふりがな) お名前	
ご職業	年齢 歳 性別 男・女
いただいたご感想を、新聞広告などに匿名で使用してもよろしいですか?(はい・いいえ)	

※ご記入いただいた「個人情報」は、許可なく他の目的で使用することはありません。
※いただいたご感想は、一部内容を改変させていただく可能性があります。

●この本をどこでお知りになりましたか?(複数回答可)

1. 書店で実物を見て　　2. 知人にすすめられて
3. テレビで観た(番組名:　　　　　　　　　　)
4. ラジオで聴いた(番組名:　　　　　　　　　)
5. 新聞・雑誌の書評や記事(紙・誌名:　　　　)
6. インターネットで(具体的に:　　　　　　　)
7. 新聞広告(　　　　新聞)　　8. その他(　　　　)

●購入された動機は何ですか?(複数回答可)

1. タイトルにひかれた　　2. テーマに興味をもった
3. 装丁・デザインにひかれた　　4. 広告や書評にひかれた
5. その他(　　　　　　　　　　)

●この本で特に良かったページはありますか?

[　　　　　　　　　　]

●最近気になる人や話題はありますか?

[　　　　　　　　　　]

●この本についてのご意見・ご感想をお書きください。

[　　　　　　　　　　]

以上となります。ご協力ありがとうございました。

牛乳のやさしいまろやかな味

クリーミーミルクカレー

所要時間
20分

● 材料（2人分）

玉ねぎ…2玉
にんじん…1本
小麦粉、カレー粉
…各大さじ2
鶏もも肉…200g
しめじ…1株
漬物…お好みで
サラダ油…適量

Ⓐ
- 牛乳…3カップ
- コンソメキューブ…3個
- 砂糖、ソース…各大さじ2
- 塩…少々

● 作り方

① 玉ねぎ、にんじんをみじん切りにする。フライパンに油を熱し、玉ねぎ、にんじんを弱火で5分程炒める。
② ❶に小麦粉、カレー粉をふるいながら入れ、3分程そのまま炒める。
③ 一口大に切った鶏肉と、石づきを切り落として小房に分けたしめじを入れて、鶏肉の表面に火が通るまで炒める。
④ Ⓐを入れ、時々混ぜながら10分程煮込む。お好みで漬物を添える。

ひとこと ▶ **辛いのが好きな方は、カレー粉の量で調整してみてください！**

「我が道を行く木村家」

食べ物にこだわりのない嫁さんは、こういう時にとてもラクです。

生クリームなしでもできるんです

牛乳のカルボナーラ

所要時間
15分

● 材料（2人分）

スパゲッティ…200g
ウインナー… 4本
しめじ…1/2株
牛乳…大さじ4
塩…少々
黒こしょう…適量
サラダ油…適量
Ⓐ［卵… 1個
　 マヨネーズ…大さじ1

● 作り方

① スパゲッティを規定のゆで時間より1分短くゆでておく。
② ウインナーを斜め切りにし、しめじは石づきを切り落とし、小房に分ける。フライパンに油を熱し、ウインナーとしめじを炒める。❶と牛乳を入れ、1分程火にかける。
③ 火を止め、Ⓐを入れてよく混ぜ、スパゲティと絡める。
④ 塩、黒こしょうで味を調える。

ひとこと ▶ 粉チーズやとろけるチーズを入れれば、もっと濃厚に！

「名コンビ」

30歳を過ぎてから、
オヤジギャグが
ナチュラルに出てくる
ようになりました。

手軽食材でぱぱっと和風イタリアン

きのこんぶパスタ

所要時間
10分

● 材料（2人分）

スパゲッティ…200g
しめじ…1/2株
塩昆布…30g
かつお節… 1パック
ツナ缶… 1缶
ごま油…小さじ1
塩…少々
大葉… 1枚

● 作り方

① 鍋に湯を沸かし、スパゲッティをゆでる。ゆで上がる2分前に、石づきを切り落とし、小房に分けたしめじを入れて一緒にゆでる。
② 湯をきり、塩昆布、かつお節、ツナを混ぜる。ごま油と塩で味を調える。
③ 刻んだ大葉をのせる。

ひとこと ▶ 手間いらずなので、時間がない時にぴったり！

「生たけのこの下処理ができる男」

春しか味わえない、新鮮な生たけのこ。下処理があるからと敬遠しがちだが、実は簡単にできるものなのである。

生のたけのこをもらった時、普通だと「嬉しいけどちょっと多いかも」と思う量でも、私にとっては問題ありません。むしろ大量のたけのこがギャルに見えてきて、私のたけのこボルテージはマックスになります。

たけのこの香りが食欲そそる

たけのこきのこ炊き込みごはん

所要時間
2時間
下処理時間のぞく

● 材料（２人分）

たけのこ（生）…100g
米…３合
しめじ…1/2袋
鶏胸肉…100g
小ねぎ…お好みで

Ⓐ
- しょうゆ…大さじ３
- 酒、みりん…各大さじ２
- 砂糖…小さじ１
- 水…３合分
- 顆粒だし…5g

● 作り方

① たけのこの穂先を斜めに切り落として縦に切り込みをいれ、米ぬかとともに２時間程ゆでてそのまま冷ましておく。
② 炊飯器に洗った米とⒶを入れ、水を加えて１時間つけておく。
③ 石づきを切り落とし、小房に分けたしめじ、短冊切りにしたたけのこ、一口大に切った鶏肉を炊飯器に入れて炊く。
④ 炊きあがったらかき混ぜ、５分程蒸らす。小口切りにしたねぎをちらす。

ひとこと ▶ **たけのこは、米ぬかがなければ、米のとぎ汁と一緒に煮るでもOK。**

「冷蔵庫に眠るビン詰めを救え！」

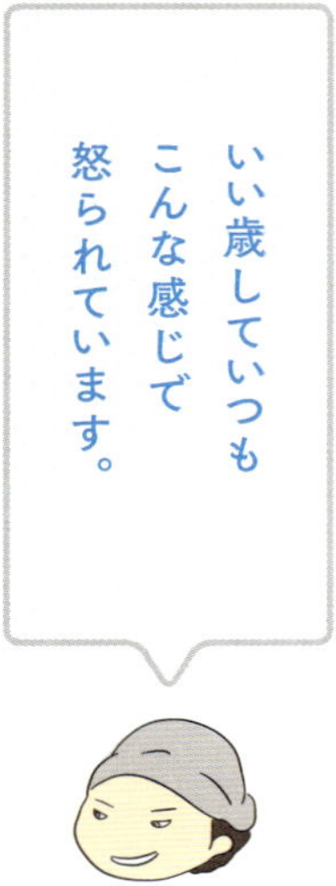

ほんのり焦げたバターの風味がたまらない

塩辛バターチャーハン

所要時間
5分

● 材料（2人分）

塩辛…20g
バター…10g
ごはん…2杯分
塩…適量
こしょう…適量
しょうゆ…適量
大葉…お好みで

● 作り方

① フライパンにバターを熱し、塩辛を強火で15秒程炒める。
② ごはんを入れ、塩、こしょう、しょうゆで味を調える。
③ 器に盛り、好みで刻んだ大葉をのせる。

ひとこと ▶ 塩辛は焦げやすいので、一気に炒めるように！

「新党結成」

私のことは嫌いになっても、
サラダうどんのことは
嫌いにならないで下さい。

今日はいつもと違ううどんで！

レタサラうどん

所要時間
10分

● 材料（2人分）

レタス…2枚
おくら…2本
豚バラ肉…100g
うどん…2玉
卵…2個
めんつゆ
　…小さじ2
ごま油…小さじ1
ごま、紅しょうが
　…お好みで

● 作り方

① レタスを一口大にちぎり、おくらは輪切りにする。豚肉は一口大に切り、沸騰した湯（分量外）でゆでる。うどんはゆでて、水洗いしておく。

② 小さい器に卵を割り入れ、かぶるくらいまで水（分量外）を加えて電子レンジで50秒程加熱する。

③ 卵が温泉卵のようになったら、水をきる。器にレタス、うどん、豚肉、おくら、卵の順に盛りつけ、めんつゆとごま油をかける。好みでごま、紅しょうがをのせる。

ひとこと ▶ 冷凍うどんなら、ゆでずにレンジで温めてもOKです。

「天才の一声」

魚介は美味しい
鶏肉も美味しい
どっちかを選ぶなんて
俺にはできない
両方入れれば
いいじゃない
貴様…天才か！

好きなもの
×
好きなもの
=
大好きなもの

魚介の風味香る

シーフードチキンパエリヤ

所要時間
20分

●材料（２人分）

鶏もも肉…100g
シーフードミックス（冷凍）
…200g
米…３合
水…３カップ
コンソメ…大さじ1＋1/2
ミニトマト…４個
パプリカ…1/2個
ピーマン…２個
パセリ…お好みで
サラダ油…適量

●作り方

① 鶏肉を一口大に切る。フライパンに油を熱し、シーフードミックスと鶏肉を炒める。火が通ったら煮汁はそのままにして取り出す。
② 洗った米をフライパンに入れ、煮汁で30秒程炒め、水とコンソメを入れて強火で沸騰させる。
③ 沸騰したらシーフードミックスと鶏肉を戻し入れ、ふたをして３分程火にかける。
④ ふたを開けてミニトマト、一口大に切ったパプリカとピーマンを入れ、再度ふたをして弱火で12分程火にかける。火が通ったら、刻んだパセリをちらす。

ひとこと▶ 強火にかけると焦げやすいので、弱火でじっくりいきましょう。

「国際MISO弁論大会」

ワー
ワーワー
MISO——
この素晴らしい食材を皆さんはご存知だろうか
しかし 普段の料理では同じ大豆由来のしょうゆがイニシアチブを取っている
だからといって味噌が格下であるという証明にはならない
なぜなら味噌には!
イソフラボンが
ウワァァー!!
たくさん入ってるからだ!

イソフラボンがボーン!

＋αで風味豊かなアレンジに

味噌風味親子丼

所要時間
5分

● 材料（2人分）

鶏もも肉…100g
卵… 3個
ごはん… 2杯分
ごま…少々
サラダ油…適量
Ⓐ
味噌…小さじ3
酒…1/4カップ
みりん…小さじ4

● 作り方

① 鶏肉を一口大に切る。フライパンに油を熱し、鶏肉とⒶを炒める。
② 鶏肉に火が通ったら溶いた卵を入れ、ふたをして2分加熱する。
③ 器にごはんを盛り、その上に❷をのせて、ごまをふる。

ひとこと ▶ 卵は半熟がお好みという方は、時間と火力を調整して！

「函館といえば」

※函館市発祥「いか踊り」

いかメシは函館というより
隣の森町発祥ですが、
よしとしましょう。

炊飯器で作れる

我がふるさとのいかメシ

所要時間
90分

● 材料（2人分）

いか（生）… 4杯
もち米… 1合

Ⓐ
- 水… 4カップ
- しょうゆ…大さじ3
- 酒、砂糖…各大さじ2
- めんつゆ…大さじ1
- しょうが（スライス）…1/2かけ分

● 作り方

① いかの内臓と骨を手で取り出し、中をよく洗う。もち米は1時間ほど浸水させる。げそは細かく刻む。
② 水をきったもち米にげそを混ぜ、スプーンでいかの中に詰める。指で押し込みながら、胴体の7割程まで詰め、爪楊枝で閉じる。
③ ❷、Ⓐを炊飯器に入れ、炊く。

ひとこと ▶ いかメシも、通常の炊飯モードでできちゃうんです！

禁断の組み合わせ

キムライス

所要時間
10分

今日は伝説の料理「キムライス」について語りたいと思う。
遥か昔、ある少年が好物を詰め込んで開発した料理なのだが、カロリーの高さゆえに危険視される存在となっていた。
しかし、今ここにこの料理を復活させようと思う。かなり危険なので他言は無用にしてくれ。

● 材料（2人分）

ごはん…2杯分
マヨネーズ…大さじ2
塩、黒こしょう…各少々
ベーコン…50g
ウインナー…4本
とろけるチーズ…2枚
サラダ油…適量

● 作り方

① ごはんにマヨネーズを混ぜよう。一粒一粒コーティングするようにな。塩と黒こしょうも加えてくれ。
② フライパンに油を熱し、5㎜の厚切りにしたベーコンと半分に切ったウインナーを炒める。ウインナーは、そのままの形状でも男らしくていいな。
③ 全体に火が通ったら、一度別の皿に移そう。空いたフライパンで❶を炒めるぞ。パラパラになるまで火を通したら、ベーコンとウインナーを戻して炒めるんだ。
④ 皿に盛り、刻んだチーズをのせて電子レンジで30秒加熱しよう。チーズが溶ければ完成だ。

レシピを聞いただけでも、危険な料理だということがわかるだろう。でも、シティの男なら大丈夫だ。ぜひ食べ尽くし、そしてその身体にカロリーを蓄えてくれ。

ひとこと ▶ キムライスはカロリーが高ければ高い程、その力を増していきます。なお、食べる際は自己責任でお願いいたします。

毎日料理をしている私は、当然、職場にも弁当を持参して優雅なひと時を過ごしている。今回はその華麗なるランチタイムを紹介しよう。

12:00 持参した弁当を食べはじめる。彩り、栄養バランスを意識した弁当だ。タフでハードな午後を乗り切るために、ボリュームにも気を使っている。だが、多すぎるのはよくない。睡魔に襲われるからだ。

職場は若い女性が多く、弁当を持参してくるので一緒に食べることもある。最近の女性のトレンドはここでキャッチし、女子力に磨きをかけるのだ。

【ちょっと雑談】

木村青年ランチ事情

きむ兄に教えてもらった店 超よかったんだけど！
えーじゃあ次は表参道の店を紹介するね！
きむ兄マジ女子力高い〜☆

12:15 女性陣は話が尽きないので、私はひと足先にこの場を立つ。ここから先は男に聞かれたくない話もあるだろう。あくまでもクールに立ち去るのがシティの男の流儀だ。

12:25 ラジオを聞きながら会社の周りを散歩する。同僚に「キムケンが歩いているのを見かけた」と言われることもあり、この「きむさんぽ」を見た人は運勢がアップするという。私は皆に幸せのおすそ分けをする男なのだ。

13:00 クールに仕事を再開する。驚異的な集中力で仕事を進めると思いきや、自宅の冷蔵庫にある食材を思い出しながら今晩の夕食について考えるのだった。

Chapter

4

お酒がとまらぬ
おつまみ

「踊りたくなるその名前」

酒がとまらない

海鮮アヒージョ

所要時間
15分

● 材料（2人分）

シーフードミックス（冷凍）
…150g
バジル（刻んだもの）
…少々
塩…少々
オリーブオイル…適量

Ⓐ
塩…適量
白ワイン…適量
片栗粉…適量

Ⓑ
にんにく（スライス）
…2片分
鷹の爪（輪切り）
…2本分

● 作り方

① シーフードミックスを流水につけ、解凍する。
② ❶の水けをきり、Ⓐを揉み込んで、さっと水洗いする。
③ ❷とⒷを鍋に入れ、全体が浸るくらいのオリーブオイルを入れて8分程火にかける。
④ バジルと塩をふり、味を調える。

ひとこと ▶ マッシュルームやしめじ、エリンギを加えても！

「落語家デビュー」

私ぁ さばを捌《さば》くのが
めっぽう得意でして
さばを見たら
捌かずにはいられねぇ
そんな性分でしてねぇ
だから さば缶なんてものは
買ったことがなくて
こう思っていたんですよ
さば缶?
男だったら黙って捌け!
さばだけにな! ははは!
でも初めてさば缶を買って
食べてみたら
これがびっくりするほどの
美味しさと手軽さでね
私はこう思ったんです
さばなんて
もう捌かん《さば缶》と

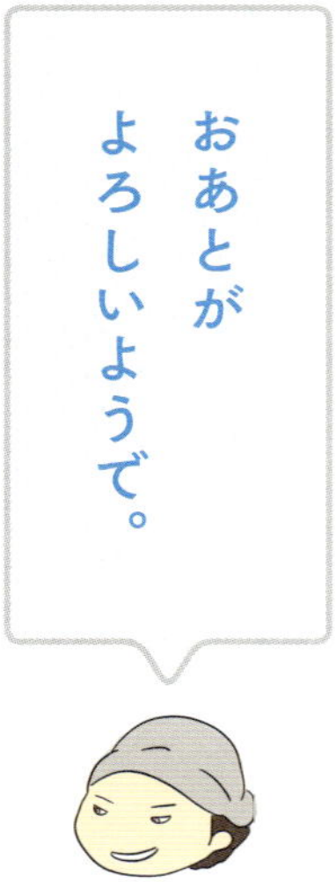
おあとが
よろしいようで。

すぐに作れる即席おつまみ

ねぎどっさりさばの水煮

所要時間
5分

● 材料（2人分）

玉ねぎ…1/2個
小ねぎ…適量
さば缶…1缶
Ⓐ マヨネーズ…大さじ1
　めんつゆ…小さじ1
　ごま油…小さじ1

● 作り方

① 粗みじん切りにした玉ねぎを、3分程水にさらす。
② ❶、小口切りにしたねぎ、Ⓐを混ぜる。
③ 水けをきったさば缶に❷をのせる。

ひとこと ▶ さば缶さえあれば、いつでもおつまみが作れます。

「救世主　木村」

プロジェクトS
砂肝の挑戦
～打倒 軟骨から揚げを目指して～
鶏肉界の異端児 砂肝――
プロジェクトS
ここ
なかなか一般家庭には浸透しない
浴びせられる激しい罵声
プロジェクトS
砂肝？焼き鳥でしか食ったことねーべさ！
砂肝を男にするために今 一人の男が立ち上がった
プロジェクトS
打倒軟骨
目指すはから揚げ界のスタンダード

ビール100杯いけるやつです。

家で食べたい、新定番おつまみ

砂肝のから揚げ

所要時間
10分

● 材料（2人分）

砂肝…1パック
塩…少々
黒こしょう…少々
片栗粉…適量
サラダ油…適量

● 作り方

① 砂肝はスライスし、塩、黒こしょうを揉み込む。
② ❶に片栗粉をまぶし、鍋に油を熱して、180℃の油で2分揚げる。油は少量で揚げ焼きにする。

ひとこと ▶ **砂肝は売れ残りのおつとめ品を買って、冷凍しておくと便利！**

「パセリの主張」

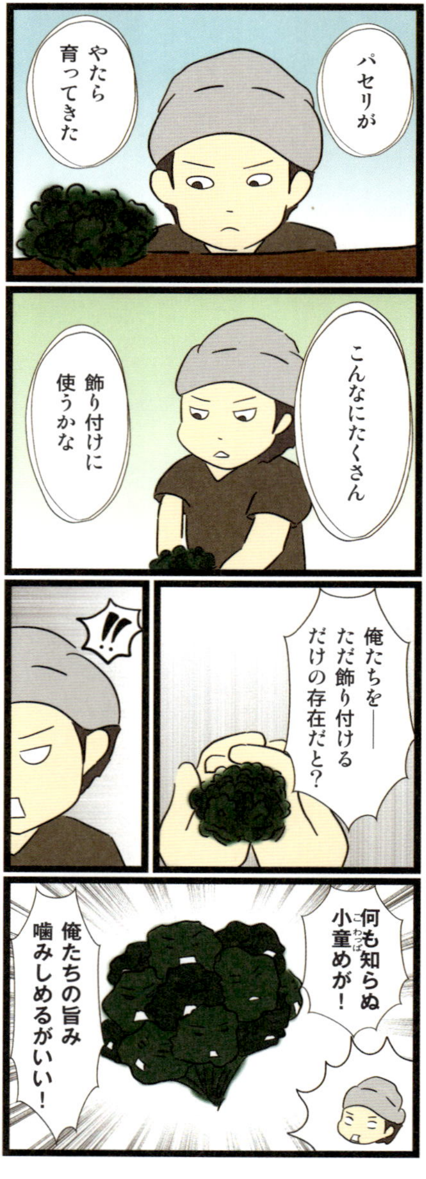

パセリがやたら育ってきた
こんなにたくさん飾り付けに使うかな
俺たちを——ただ飾り付けるだけの存在だと?
!!
何も知らぬ小童《こわっぱ》めが!
俺たちの旨み噛みしめるがいい!

その時、私はパセリの声を聞いた。

脇役じゃない！　クセになる美味しさ！

パセリの天ぷら

所要時間
10分

● **材料（2人分）**

パセリ…適量
塩…少々
サラダ油…適量
Ⓐ
- 小麦粉…50g
- 水…大さじ5
- マヨネーズ…大さじ1

● **作り方**

① 混ぜ合わせたⒶをパセリにまぶす。鍋に3㎝程の深さの油を熱し、160℃に温める（箸を入れて細かい泡が出るくらい）。

② パセリを揚げ、油をきり、塩をふって味を調える。

ひとこと ▶ **衣にマヨネーズを入れることにより、サクサク感がアップ！**

「怪奇現象」

な…何が起こっているというんだ…！
さっき作ったばかりの照りマヨ厚揚げが…
いつの間にか…なくなっている！
こ…これは…神の悪戯なのか！
何が起こったか全くわからない！
さっきめっちゃ試食してたね
ハッ
それか!!

つまみ食いがとまらない美味しさ！

おかずにもおつまみにもなる！

照りマヨ厚揚げ

所要時間
5分

● 材料（2人分）

厚揚げ…1枚
片栗粉…適量
マヨネーズ…適量
小ねぎ…お好みで
サラダ油…適量
Ⓐ［酒、砂糖、しょうゆ、みりん…各小さじ2

● 作り方

① 一口大に切った厚揚げに片栗粉をまぶす。フライパンに油を熱し、厚揚げを炒める。
② 表面に焼き目がついたらⒶを入れ、全体に絡めながら炒める。
③ 皿に盛り、マヨネーズをかけ、小口切りにしたねぎをのせる。

ひとこと ▶ 刻みのりやかつお節をのせても風味豊かに！

「貧乏な私を救った、鶏肉のあの部位」

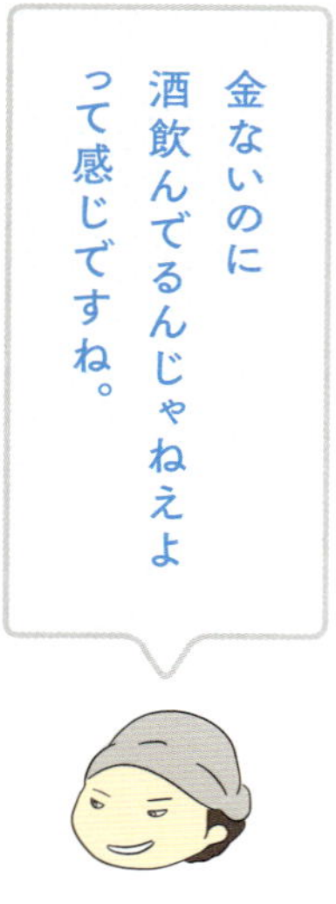

シャキシャキ食感がたまらない

砂肝もやし

所要時間
5分

● 材料（２人分）

砂肝…100g
もやし…１袋
塩…小さじ1/2
黒こしょう…少々
かつお節…適量
小ねぎ…適量
ごま油…小さじ２

● 作り方

① 砂肝は５㎜厚さに切る。フライパンに小さじ１のごま油を熱し、炒める。
② 砂肝に火が通ったらもやしを入れ、塩、黒こしょうを加えて強火にする。もやしがしんなりする前に、残りのごま油を加える。
③ 皿に盛り、かつお節と小口切りにしたねぎをのせる。

ひとこと ▶ スパイシーなのがお好みの方は黒こしょう多めで！

「餅の罠」

正月の一週間後
さーて 今日はどんな 餅料理にしようか
揚げだし餅〜!
って、私たち丸くない?
アイツら順調に丸くなってきたな
正月を終えて我々の恐ろしさに気づいたようね
進撃の餅
クソッ これが…
アンタたちの…
やり方かーッ!

毎年正月はこんな感じ。

一度食べたらやめられない味

揚げだし餅

所要時間
10分

●材料（2人分）

切り餅…4個
大根…少々
小ねぎ…適量
のり（刻んだもの）…適量
サラダ油…適量
Ⓐ［めんつゆ…大さじ2
　水…3/4カップ

●作り方

① 切り餅を4等分にする。鍋に深さ2㎝程の油を熱し、180℃になったら切り餅を入れ、箸で転がしながら揚げる。
② 餅が膨らんできたら油からあげ、電子レンジで20秒加熱したⒶをかけて、おろした大根、小口切りにしたねぎ、のりをのせる。

ひとこと ▶ **餅は揚げる時にくっつくので、適度な距離感を！**

するめキムチ

● 材料（２人分）

さきいか…200g
キムチ…100g
ごま油…小さじ1/2
ごま…お好みで

● 作り方　① 材料を全て混ぜ合わせる。

ポイント ▶ さきいかの代わりに、あたりめを使っても！

おつまみチーズソーセージ

● 材料（２人分）

魚肉ソーセージ…１本
スライスチーズ…１枚
塩、黒こしょう…各適量
サラダ油…適量

● 作り方
① 魚肉ソーセージは７mm厚さに切る。フライパンに油を熱し、魚肉ソーセージを炒める。塩をふり、味を調える。
② チーズをのせて電子レンジで40秒加熱する。
③ 黒こしょうをふる。

ポイント ▶ 魚肉ソーセージは焦げやすいので、こまめに返すと◎

アボカドトマト

● **材料（2人分）**

トマト…1/2個
アボカド…1/2個
大葉…1枚
Ⓐ しょうゆ…大さじ1/2
　わさび…少々
　ごま油…小さじ1/2

● **作り方**
① トマトとアボカドを1㎝角に切る。
② Ⓐを和え、刻んだ大葉をのせる。

ポイント ▶ **買ったばかりのアボカドは固いので、常温で1日放置。**

簡単味たま

● **材料（2人分）**

卵…3個
Ⓐ めんつゆ、水
　…各1カップ

● **作り方**
① 鍋に湯（分量外）を沸かし、冷蔵庫で冷えた卵を割れないように入れ、7分ゆでる。黄身が偏らないように時々箸で転がす。
② 氷水を用意しておき、ゆであがった卵を一気に冷やす。手でぐるぐるかき混ぜて、3分氷水につけておく。
③ 殻をむいた卵をⒶに浸し、冷蔵庫で1日置く。

ひとこと ▶ **とろとろの黄身がお好みの方は、ゆで時間を6分半に！**

「違う使い道も、いいじゃないか」

餃子の皮で餃子を
作らないという選択が
あってもいいと思うのです。

パリパリ×とろーりが美味しくないわけがない！

大葉のチーズ揚げ

所要時間
10分

● 材料（2人分）

餃子の皮…8枚
スライスチーズ…2枚
大葉…2枚
サラダ油…適量
Ⓐ 小麦粉、水
　…各大さじ2
　片栗粉…大さじ1/2

● 作り方

① 餃子の皮は端を切り落として正方形にする。
② 4等分にしたチーズと大葉を2枚ずつ餃子の皮の上に並べ、もう1枚皮をのせてはさむ。餃子の皮のふちに指で水をつけ、皮と皮をとじる。
③ 鍋に深さ1cmの油を熱し、180℃に温める。❶の表面にⒶをつけ、両面を揚げる。
④ 両面が膨らんで固くなったら油をきる。三角形に切る。

ひとこと ▶ **余った皮も揚げて塩、こしょうをふれば、パリパリのおつまみに！**

「きゅうりを美味しく食べるコツ」

手でちぎる時は気をつけましょう。

酒がすすむさっぱりおつまみ

ツナきゅう

所要時間
5分

● 材料（2人分）

きゅうり… 2本
ツナ缶（油漬け）… 1缶
めんつゆ… 大さじ1
塩… 少々
鷹の爪（輪切り）… 1本分

● 作り方

① きゅうりを手で一口大にちぎる。
② ツナ缶を油ごと❶と合わせる。
③ めんつゆ、塩、鷹の爪を混ぜる。

ひとこと ▶ 一晩置くと味がなじんで、旨みがアップします！

「頼りになるアイツら」

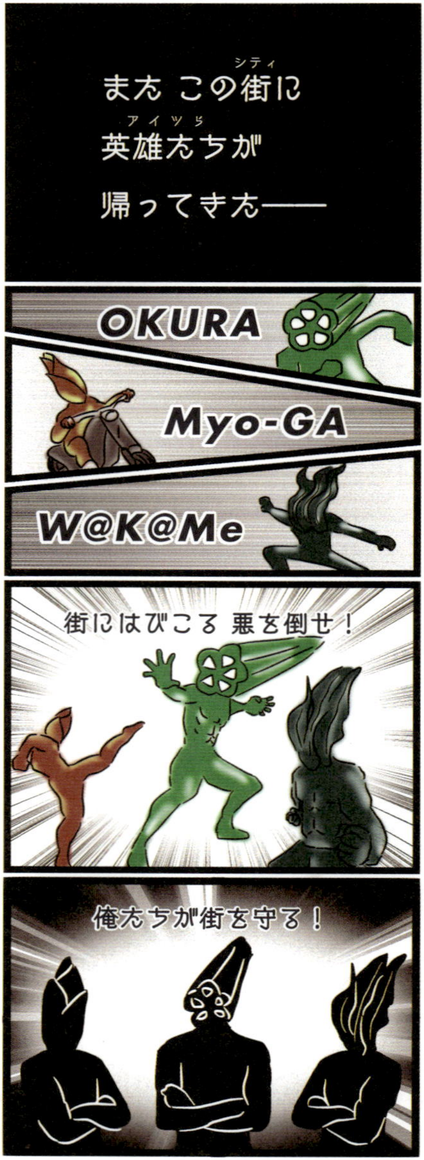

また この街《シティ》に
英雄たち《アイツら》が
帰ってきた――
OKURA
Myo-GA
W@K@Me
街にはびこる 悪を倒せ！
俺たちが街を守る！

深夜3時のテンションです。
どんな気持ちで
これを描いたか、
今ではもうわかりません。

あっさり風味で箸が止まらん

おくらみょうがわかめ

所要時間
5分

● 材料（2人分）

おくら…3本
みょうが…2本
わかめ（乾燥）
…ひとつまみ
塩…少々
ごま油…小さじ1
かつお節…ひとつまみ

● 作り方

① おくらは輪切り、みょうがは細切りにし、水に戻したわかめと合わせ混ぜる。
② 塩、ごま油を加えて味を調え、かつお節をのせる。

ひとこと ▶ 生のおくらが苦手な方は、30秒程湯通ししてください！

「食で学ぶ道徳」

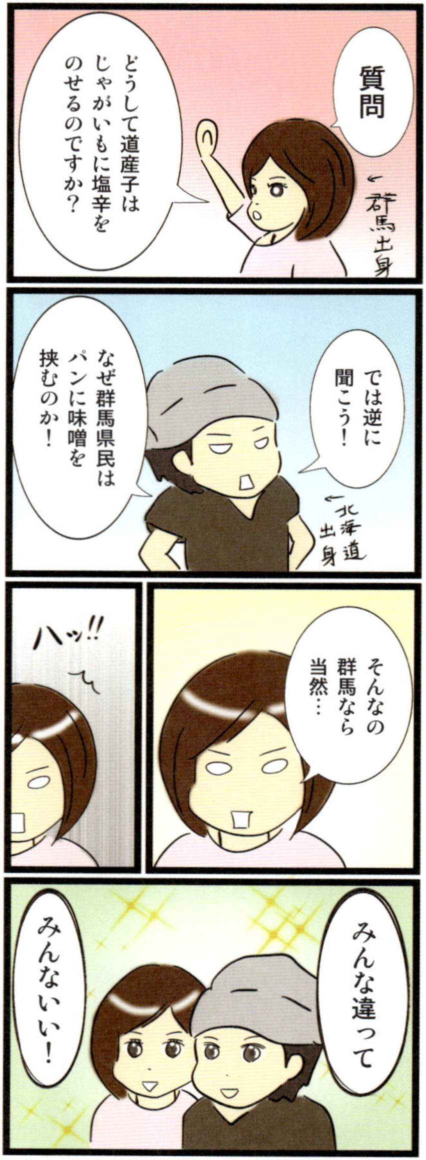
質問
どうして道産子はじゃがいもに塩辛をのせるのですか？
←群馬出身
では逆に聞こう！
なぜ群馬県民はパンに味噌を挟むのか！
←北海道出身
そんなの群馬なら当然…
ハッ!!
みんな違って
みんないい！

我が家の県民ショー。

ついつい作ってしまう我が家の味

じゃがバタ焼き塩辛

所要時間
10分

● 材料（2人分）

じゃがいも… 1個
塩辛…大さじ2
バター…10g
パセリ（刻んだもの）
…お好みで
サラダ油　適量

● 作り方

① 一口大に切ったじゃがいもを電子レンジで3分加熱する。フライパンに油を熱し、じゃがいもを表面に焦げ目がつくまで炒める。
② じゃがいもに火が通ったら半量の塩辛、バターを入れ、混ぜながら炒める。
③ 器に盛り、残りの塩辛とパセリをちらす。

ひとこと ▶ 塩辛や溶けたバターに、じゃがいもをディップしながらどうぞ！

シティの男のためのおつまみ

ねぎだく鶏胸肉

所要時間
5分

さて、男の鶏肉料理の時間だ。
鶏肉といえば、君はどの部位が頭に浮かぶだろうか。もも肉？ ささみ？ いろいろあるよな。
ただ、ひとつ言えることがある。鶏肉は胸肉が最強であり、正義であるということだ。
圧倒的なコストパフォーマンス、良質なタンパク質、これらを兼ね備えているのが胸肉だ。
早速レシピに移ろう。

● 材料（2人分）

鶏胸肉…100g
小ねぎ…お好みで
玉ねぎ…お好みで

Ⓐ
しょうゆ、酢…各小さじ2
砂糖…小さじ1
ごま油…少量
ごま…お好みで

● 作り方

① 鶏肉は皮を剥いで2cm幅に切り、酒（分量外）をふって電子レンジで2分チンしよう。なに、酒がない？　だったら水でもかけておけ。
② レンジにかけている間に、鶏肉の皮をフライパンでカリカリに焼いておこう。油は皮からでるので不要だぞ。
③ 鶏肉に火が通ったら流水で冷まして、筋にそって手で裂こう。恐れるな、君なら大丈夫だ。
④ 最後にⒶを合わせて作ったたれを添える。好みで刻んだねぎと玉ねぎをのせて完成だ。

このメニューなら、消耗した筋肉を修復してくれるはずだ。時には筋肉の声に耳を傾けるのも、シティの男の立派な務めだ。さあ、心置きなく晩酌を楽しんでくれ。

ひとこと ▶ 筋肉も財布も喜ぶ、最高のおつまみです。

【ちょっと雑談】

お酒を飲んだその後は

酒を飲んだ後の誘惑で一番恐ろしいのは「シメのラーメン」であろう。たらふく食って飲んで、胃袋はもう限界だというのになぜラーメンは入るのか。これは有史以来の謎であるが、この先も解決することはないだろう。

　しかし私も三十路を迎え、好き勝手食べていては取り返しのつかないことになるだろうとは感づいている。お酒や食事が好きだからこそ、適度に楽しまなければいけない。ただやみくもに飲み食いしているようでは、一流のシティの男とはいえない。

　そのため、私は友人たちと飲んだ後に「ラーメン行くか」と誘われても丁重にお断りしている。当然である。満腹時にさらに食事をする、そこに生産的なことは何一つないのだから。

　私は友人たちと別れて帰路につく。電車の揺れが心地よい。やがて最寄り駅に到着し、夜道をひとり歩く。

　ここで大きな問題が発生する。私の家の10m手前には、ラーメン屋があるのだ。そして残念なことに、私は人に見られていない時は、どうしようもなく自分に甘い人間なのだ。

　そうして私はラーメンをすする。そこに生産性はないが、確かな満足感は得られるのだった。

木村酒場

お酒大好きな木村がおすすめする
飲み方をご紹介。

①黒ホッピー ＋ ズブロッカ

普通は焼酎と割ってビールの風味を楽しむホッピーですが、桜の香りがするズブロッカと割るとさわやかな味わいに！

②泡盛 ＋ ブラックコーヒー

ストレートの泡盛にブラックコーヒーを入れると恐ろしい程に美味しくなります！　沖縄の居酒屋に行った時に教えてもらった方法です。

③芋焼酎 ＋ 炭酸水

芋焼酎の甘みがさわやかに引き立つ新感覚ハイボールです。風呂上がりや夏にぴったり！

あとがき

本書を出版するにあたり、私は書店の料理書コーナーへ足を運んだ。平積みされているレシピ本を手に取り、参考になる箇所を探すべく、ぱらぱらと眺めてみた。

驚くことに、とてつもなくおしゃれなのである。料理そのものが美しいこともさることながら、ちょっとした小物が料理をより一層引き立てているのだ。ランチョンマット、小鉢、箸置き、どれもセンスの光るアイテムだった。

加えて、調味料のかけ方もおしゃれだ。オリーブオイルや黒こしょうは料理だけでなく、皿にもほんの少しかかっている。

ただし人には適性というものがあり、私がこのようなおしゃれなものを作れるかと言ったら、それは非常に難しいことなのだ。というより、無理だ。

例えば、料理の向こう側にさりげなくキャンドルを写す技法があるが、我が家にそんな気の利いたものはなく、火をつけるという点で唯一近しいアイテムといえば、蚊取り線香ぐらいしかない。これを料理と一緒に写すわけにはいかないだろう。
とりあえず私は、帰り道に少しだけおしゃれなランチョンマットを買った。

あとがきの定番といえば、お世話になった人への感謝の言葉であるが、ここで「愛する妻へ」などと言うのはなんだか恥ずかしいのでやめておこう。しいて言うなら、たとえ残業後であっても、私の仕事が終わるまでいつも営業してくれている近所のスーパーと、その従業員さんたちへ感謝しなければならない。彼らがいなければ、私は毎日料理を作ることができないのだ。そんなわけで、彼らに最大限の感謝の気持ちを込めて、あとがきとさせてもらう。

デザイン　吉村亮　眞柄花穂　大橋千恵（Yoshi-des.）
校正　玄冬書林
編集　安田遥（ワニブックス）

うちメシ
ゆかいな我が家の漫画とレシピ

著者　キムケン

2016年11月3日　初版発行

発行者　横内正昭
編集人　青柳有紀
発行所　株式会社ワニブックス
〒150-8482
東京都渋谷区恵比寿4-4-9　えびす大黑ビル
電話　03-5449-2711（代表）
03-5449-2716（編集部）
ワニブックスHP　http://www.wani.co.jp/
WANI BOOKOUT　http://www.wanibookout.com/

印刷所　株式会社　美松堂
DTP　株式会社　三協美術
製本所　ナショナル製本

ISBN 978-4-8470-9504-7